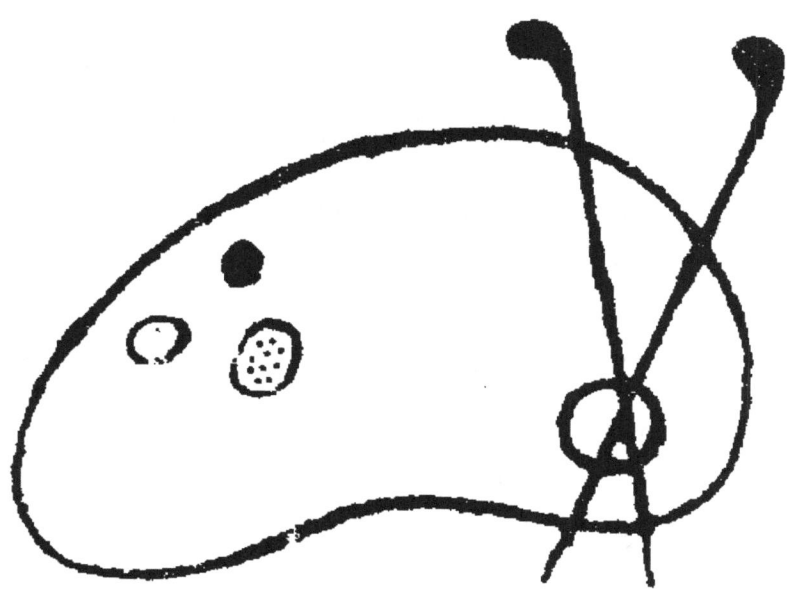

Début d'une série de documents
en couleur

RAPPORT

SUR LE SERVICE DES

ARCHIVES DÉPARTEMENTALES

COMMUNALES ET HOSPITALIÈRES

DE

SAONE-ET-LOIRE

(1885-1886)

CONTENANT LE TABLEAU

DES

REGISTRES D'ÉTAT CIVIL ANCIEN

DES COMMUNES

PAR

L. LEX

Ancien élève de l'École des Chartes.

MACON
IMPRIMERIE GÉNÉRALE D. BELLENAND
1886

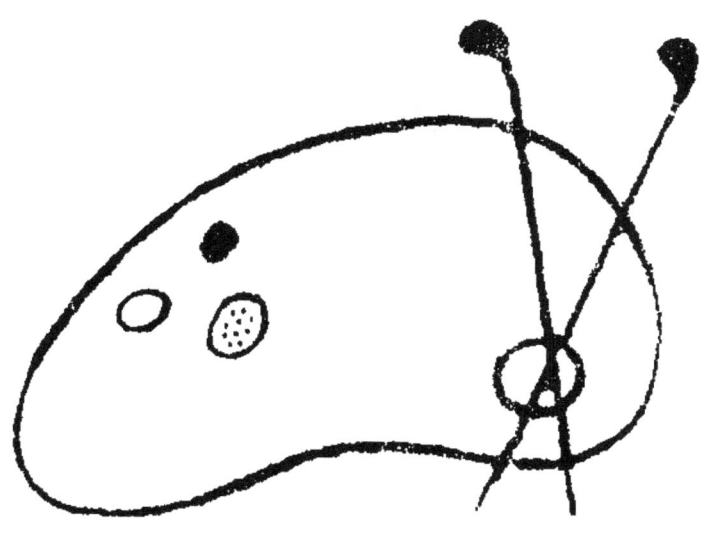

Fin d'une série de documents en couleur

RAPPORT

SUR LE SERVICE DES

ARCHIVES DÉPARTEMENTALES

COMMUNALES ET HOSPITALIÈRES

DE

SAONE-ET-LOIRE

(1885-1886)

CONTENANT LE TABLEAU

DES

REGISTRES D'ÉTAT CIVIL ANCIEN

DES COMMUNES

PAR

L. LEX

Ancien élève de l'École des Chartes.

MACON

IMPRIMERIE GÉNÉRALE D. BELLENAND

1886

RAPPORT

SUR LE SERVICE DES

ARCHIVES DÉPARTEMENTALES

COMMUNALES ET HOSPITALIÈRES

DE SAONE-&-LOIRE

RAPPORT DU CONSERVATEUR DES ARCHIVES

Monsieur le Préfet,

Conformément à l'article 4 du réglement général des Archives départementales, en date du 6 mars 1843, et de la circulaire de M. le Ministre de l'Intérieur, en date du 23 juin 1875, j'ai l'honneur de vous adresser mon rapport sur le service des différents dépôts d'archives et des bibliothèques administratives du département, du 1er juillet 1885 au 30 juin 1886.

I. — LOCAL.

M. l'Inspecteur général des Archives et des Bibliothèques a constaté, au mois d'août dernier, que le bâtiment était livré, contrairement à une délibération du Conseil général, à des commissions d'examen et que les candidats et leurs familles remplissaient les corridors. M. le Ministre de l'Instruction publique a jugé indispensable de mettre un terme à cet état de choses qui peut compromettre la sécurité du dépôt.

Comme je l'ai fait dans mon dernier rapport, je me permets, Monsieur le Préfet, de vous signaler l'absence d'un cabinet de travail pour l'archiviste et la défectuosité absolue de l'aménagement du bureau où doivent trouver place sur des meubles en mauvais état et dans un espace de quelques mètres carrés, le public et les deux employés.

Cela réservé, l'ensemble du local assure, dans ses conditions actuelles, la conservation indéfinie des documents. M. l'Architecte départemental a, d'ailleurs, bien voulu, sur ma demande, faire visiter et réparer les fenêtres de l'étage mansardé qui joignaient mal et parfois livraient passage aux eaux de pluie.

II. — RÉCOLEMENT.

Au récolement général des papiers et objets mobiliers qu'opère tout archiviste à son entrée en fonctions, j'ai cru devoir faire succéder un récolement particulier des documents de chacune des séries antérieures à 1790. Ce travail est à peu près terminé pour la série G et fortement avancé pour la série H. Il m'a révélé un état de choses que j'aurai l'honneur de vous faire connaître dès que je serai en mesure de considérer comme immédiatement perdues les pièces absentes.

Les recherches entreprises pour retrouver le registre de Simon Dubois, notaire royal à Chalon, coté E. 1041 et contenant 146 feuillets, papier (1515-1516) sont restées infructueuses.

III. — RÉINTÉGRATIONS, DONS ET ACQUISITIONS.

La question de la réintégration des papiers provenant des bailliages d'Autun et de Chalon n'a pas fait un pas durant le présent exercice.

En revanche, je suis heureux d'avoir plusieurs dons à vous signaler.

M. Orta, notaire à Mâcon, a gracieusement offert aux archives l'« État des servis dûs annuellement au terrier de l'obédiance de Châne et Crêche appartenant à Messieurs de l'église de Mâcon (XVIIIe siècle.) »

M. Vaucher, contrôleur des contributions directes à Mâcon, m'a remis pour la bibliothèque administrative de la préfecture des numéros anciens du *Courrier français* (1793) et du *Journal du département de Saône-et-Loire* (1811-14.)

Enfin, M. Bénet, archiviste du Calvados, m'a adressé un registre du bailliage de Mâcon de 1785 et le plan géométrique de l'abbaye de Cluni levé par Philibert en 1790 et gravé par Berlin en 1791.

Le Conseil général voudra, sans aucun doute, joindre ses remerciments à ceux que vous avez déjà adressés aux généreux donateurs.

J'ai obtenu à une vente de documents historiques qui s'est faite à l'hôtel Drouot, le 11 novembre dernier, une pièce sur parchemin (0,31 cm. × 0,16) avec sceau. C'est le reçu de la somme de 256 francs, 8 gros, payée à Louis de Vienne, chevalier, seigneur de Ruffey, capitaine de gens d'armes sous le gouverneur de Bourgogne, pour 16 lances, 5 gens de trait à cheval, 21 coustilliers et trois demies lances fournis pendant un mois et passés en revue à Saint-Marcel-les-Chalon (29 juin 1472).

J'ai également acquis à un prix très minime, dans une vente publique à Mâcon, un débris des archives anciennes de Cluni : c'est le registre de l'exploitation des bois de l'abbaye et l'état des avances faites pour ladite exploitation de 1729 à 1787 (124 feuillets.)

Enfin, j'ai acheté un lot de 17 pièces, dont 16 sur parchemin, comprenant des actes variés dont voici, dans l'ordre chronologique, l'analyse sommaire :

1398, 1er septembre. — Amodiation d'une terre sise à Flacé (*Flaciacum*) faite par Guillaume Berchard, bourgeois de Mâcon, à Jean Gaigneret, paroissien dudit Flacé.

1500, 14 décembre. — Vente d'une maison et d'une vigne sises à Flacé *(Flaceyacum)* faite par Jeanne Angelin, de Mâcon, domiciliée à Tournus, à Antoine et Jeannet Petit, dudit Flacé.

1518, 3 décembre. — Constitution d'une rente de 40 sols tournois faite par Claude *Fillard*, Antoine *Bolicard*, Jean *Moyrodi* et Jean et Antoine *Albi* au profit de la confrérie de Saint-Eloi de Mâcon, représentée par Claude *Potier* et Antoine *Charizon*, maréchaux audit lieu.

1521, 3 janvier. — Vente d'une terre sise à Hurigny, lieudit *En la Bruyère*, faite par Claude Morier, de Flacé, à Jean Godet, du même lieu.

1526, 30 novembre et 2 décembre. — Vente d'une terre sise à Flacé, lieudit *En les Plantes*, faite par Antoine Garnier à Jean Godet, tous deux dudit lieu.

1529, 16 décembre. — Vente d'une portion de pré *jouxte le chemin tendant de Mascon au pont de Veyle* faite par Isabeau, femme de Philibert Gallain, de Flacé, à Jean Goddet, du même lieu.

1539, 14 janvier. — Contrat de mariage d'entre Claude Goyon, de Flacé, et Jeannette Godet, fille de Jean Godet, meunier dudit Flacé et bourgeois de Mâcon.

1554, 30 septembre. — Contrat de mariage d'entre Benoît Ducaruge, *drappier drappant*, natif de Loches, demeurant à Mâcon et Guye Cochet, dudit Mâcon.

1573, 17 avril. — Vente du *moulin du Chapitre*, sis à Flacé, faite à Antoine Buchet, chanoine en l'église de Mâcon, par Pernette Marbaud, veuve de Claude Culat, ancien greffier au bailliage, lequel avait acquis ce moulin du doyen du chapitre.

1574, 8 mai. — Sentence confirmant la distraction faite du *moulin du Chapitre*, acquis par Antoine Buchet.

1575-76, 12 juin, 9 juillet et 16 avril. — Vente de diverses rentes appartenant à l'église collégiale de Saint-Pierre de Mâcon, faite par le prévôt de ladite église à Jean Polet, recteur de l'hôpital de Notre-Dame de Bourgneuf.

1575-88, 30 janvier et 17 août. — Vente d'une *maison haulte et basse* et de terres sises à Flacé faite par Claude Perret, *demeurant au molin que fut des seigneurs de Chapitre*, à Antoine Buchet, chanoine en l'église de Mâcon.

1777, 27 mai. — Quittance du triple droit et du droit de marc d'or dûs par M. Claude Bétauld pour son office de conseiller procureur du Roi des Gabelles du Lyonnais au département du Mâconnais.

1782, 20 mars et 14 mai. — Sentence du présidial de Mâcon qui condamne les habitants de Culles à 250 l. de dommages-intérêts envers le sieur Pierre Tuppinier, tonnelier, à raison de sa détention ès prisons de cette ville pendant onze jours.

1787, 6 mars. — Appointement rendu en la cause d'entre le sieur Philibert Patissier de la Forestille, écuyer, demeurant à Mâcon et le sieur Antoine Montmessin, procureur au bailliage dudit Mâcon.

Tous ces titres ont été classés à leurs séries respectives.

IV. — VERSEMENTS DE PAPIERS ADMINISTRATIFS.

Pendant l'exercice 1885-1886, il a été versé régulièrement et avec inventaire :

1° Par le greffe du Conseil de préfecture, à la date du 13 avril : 3061 liasses de comptes de gestion (exercices 1879, 80 et 81) provenant des communes et des bureaux de bienfaisance ou établissements hospitaliers du département ; — 38 liasses d'arrêtés et comptes divers.

2° Par la première division de la préfecture, à la date du 1er juin : 74 registres, 67 volumes et 183 liasses d'affaires diverses concernant l'administration générale et le recrutement.

3° Par la troisième division de la préfecture, à la date du 29 avril : 51 liasses d'affaires diverses concernant les finances et les travaux publics.

4° Par la Trésorerie générale, à la date du 16 février : 914 rôles de contributions et 99 journaux à souche provenant des 20 perceptions de l'arrondissement de Mâcon.

5° Par les Ponts et chaussées, à la date du 1er février : 168 dossiers de projets de travaux exécutés et définitivement reçus concernant les routes nationales qui traversent le département.

V. — VENTE DE PAPIERS INUTILES.

La vente des papiers, dont la suppression au profit du département a été autorisée par le Conseil général dans sa séance du 4 mai dernier et approuvée par dépêche de M. le Ministre de l'Instruction publique en date du 31 mai suivant, s'est faite le mardi 29 juin dernier. Les 9,236 kilogrammes ont produit brut 1,573 francs, net 1,330 fr. 50 c.

Il a été pris des mesures pour assurer la destruction des 996 kilogrammes qui ont été adjugés à un papetier sous condition de mise au pilon.

VI. — RÉDACTION DE L'INVENTAIRE.

Le manuscrit de l'*inventaire sommaire* de la série H s'est accru de soixante-dix articles qui contiennent l'analyse des titres de l'abbaye de Molaise. Il a été approuvé par dépêche de M. le Ministre de l'Instruction publique en date du 5 janvier 1886.

Ce fonds comprend aujourd'hui 191 pièces parchemin, 363 pièces papier, 1 plan, 14 sceaux et 24 cachets ; il forme les articles H. 603-673. Anciennement il ne contenait que 543 pièces et constituait les numéros 403-413 de l'inventaire primitif de la série H. L'une de ces pièces H. 411,66 manque. H. 412,40 et 41 ont été réunies sous la cote unique H. 616,8. Enfin j'ai distrait H. 410,20 et 55 qui concernent l'abbaye de La Ferté et H. 413,12, qui se rapporte à l'abbaye de Maizières.

Les plus anciens documents remontent au XIIe siècle. Ceux du XIIIe et du XIVe sont particulièrement importants pour la toponomastique du Beaunois.

Parmi les pièces d'une date plus récente, il en est d'un réel intérêt pour l'histoire locale, comme cette lettre d'un homme de loi, M. Jailloux, à l'abbesse, Mme de Blénac : « J'ay appris que vous m'aviez destitué de votre greffe de l'Abbaye-des-Barres, j'en suis ravy, car ce produit est très peu de chose... Le malheur de tout cela, c'est votre procureur d'office qui est un petit coquain et un flatteur et qui mesme vous fait déshonneur dans votre justice... » (1728).

Voici des remontrances adressées en 1653 par les habitants de Cercy aux commissaires du Roi et aux élus de Bourgogne touchant le répartement de la taille. Elles méritent bien les honneurs de la publicité : «... Ledict village de Cercy est proche la ville de Beaune... Il a vingt neufz habitantz... Ils ont souffert pendant les guerres plus de soixante logementz de gens de guerre et entre aultre ilz ont heu le régiment de Vandy deux mois entiers à qui ilz ont fourny subsistance, pour fournir à laquelle ilz employèrent tous leurs biens et n'y pouvantz plus satisfaire, pour leur donner plus grande terreur mirent le feu et brûlèrent quatre bastimentz qui n'ont estés restablis, laquelle insandie ne les fict point désister de leurs poursuittes en sorte que les contraignirent pour fournir à ladicte subsistance d'emprunter... la somme de neufz centz dix neuf livres... Il y a plusieurs seigneurs et deux justice. L'une des justice appartient aux dames abbesses et religieuses de Molaise pour un tier. Les aultres deux tiers sont possédez par M. Cyrus Pyot, notaire royal audict Cercy... et par Pierre de la Ronse, filz de feu Jean de la Ronce... Lesquelles deux tiers de seigneuries à cause du droict de mainmorte qu'ils prétendent se sont emparés de beaulcoupt de biens possédés par les plus aisés du village... ce qui a réduict lesdits pauvres habitantz à si grande disette qu'ilz n'ont la pluspart moyen d'avoir du pain... Et néantmoings ne veullent payer tailles... si vray que ce jourd'huy cinquiesme may ledict Pierre de la Ronce et Pontus Pyot, filz dudict Mr. Cyrus Pyot sont allé attendre Pierre Domino, dudict Cercy, au grand chemin de Châlon au coin du bois du sieur d'Allerey où ilz luy ont pris les mémoires que la communaulté avoit donnée de partie des choses susdictes, la coppie des tailles dudict Cercy et les billetz du vingtiesme febvrier leur envoyé par lesdicts sieurs Esleus lesquelz ilz portoient à Monsieur le recepveur des tailles dudict Châlon, le vouloient esgorger avec son cousteau qu'ilz luy ont pris en sa pochette avec lesdicts papiers, l'ont excédé de divers couptz avec des couptz de poinct et de chacun un fusil qu'ils portoient, avec des menaces et blasphèmes du sainct nom de Dieu, que s'il satisfaisoit aux susdits ordres sans faillir ils le feroient mourir... Pourquoy l'on délaisse à Messieurs d'y pourvoir, faire valoir leurs ordres et maintenir ces pauvres gens soubz la protection du Roy et de justice... »

Le dépouillement de ce fonds m'a permis de rectifier ou de compléter 19 notices sur 37 que le tome IV du *Gallia christiana* consacre aux abbesses de Molaise (col. 1035-37.)

Le très important fonds de l'abbaye de Saint-Andoche d'Autun vient à son tour de subir un classement préparatoire à la suite duquel il me sera facile d'en rédiger prochainement l'analyse.

La réintégration des archives de l'évêché d'Autun m'a permis de former un supplément à la série A. J'en ai arrêté l'inventaire, qui a été approuvé par dépêches de M. le Ministre de l'Instruction publique en date des 9 et 29 juin derniers et qui contient 6 articles (A. 21-26) formés par trois registres de 842 feuillets, 16 pièces, papier et 5 sceaux.

Par des circulaires des 29 mars 1885 et 12 avril 1886, M. le Ministre de l'Instruction publique, faisait inviter tous les archivistes à dresser le catalogue des manuscrits proprement dits, soit historiques, soit littéraires, soit scientifiques, conservés dans les dépôts des départements, des villes et des hospices. J'ai donné satisfaction à la première les 13 mai 1885 et 1er mai 1886. La seconde a été suivie d'exécution le 24 avril 1886. Les archives du département renferment huit manuscrits de la nature de ceux qui sont déposés dans les bibliothèques ; les archives de la ville de Mâcon, elles, en conservent deux.

VII. — PUBLICATION DE L'INVENTAIRE.

Au cours du dernier exercice, il a été imprimé :

Série H (Clergé régulier) : f. 22 contenant les art. 567-627 des fonds de Lancharre et de Molaise.

Série H supplément (Clergé régulier) : ff. 19-24, contenant les tables des archives hospitalières de Tournus.

VIII. — CLASSEMENT DES ARCHIVES MODERNES.

Les pièces qui se rapportent à cette période de 1790 à l'an VIII, durant laquelle se firent la liquidation de l'ancien régime d'une part, et, de l'autre, les premiers essais d'un régime nouveau, ont été l'objet d'un premier classement très général dans l'ordre des séries M-Z. Un second classement, celui-là définitif, a été appliqué aux dossiers concernant les affaires militaires (25 cartons), les travaux publics (27 c.), les cultes (8 c.), l'instruction publique et les beaux-arts (1 c.). En outre, les imprimés (lois, décrets, arrêtés) ont été réunis en collections dans l'ordre chronologique.

Les comptes et budgets des communes et hospices de 1811 à 1853 ont été, après triage, ajoutés à la série O qu'ils ont accrue de 482 liasses.

La série P a également reçu la totalité du versement annuel de la Trésorerie.

Conformément aux observations contenues, ensuite du rapport de M. l'Inspecteur général des archives, dans la dépêche de M. le Ministre de l'Instruction publique en date du 4 novembre 1885, les archives du service qui étaient renfermées pêle-mêle dans un certain nombre de cartons ont été méthodiquement classées.

IX. — RECHERCHES ET EXPÉDITIONS.

Le nombre des recherches faites du 1er juillet 1885 au 30 juin 1886 pour le service des bureaux de la préfecture, pour les fonctionnaires publics et quelques particuliers a été de 277 ; 62 ont été suivies de communication avec déplacement.

En 1885, il a été fait 8 expéditions formant 11 rôles, dont 3 ont été délivrés sans frais (art. 7 de la loi du 12 septembre 1791) et 8 ont fourni au compte des produits éventuels du département la somme de 8 fr. 25 c. Depuis le 1er janvier il en a été fait 6, comprenant 14 rôles, dont 11 taxés.

Deux volumes de l'*Inventaire sommaire* ont été vendus au profit du département ; deux ont été échangés avec l'administration de l'Assistance publique à Paris.

X. — PERSONNEL.

M. Poulalier a terminé le triage des comptes de gestion des communes et hospices de 1811 à 1853, dont les pièces inutiles ont constitué la moitié des éléments de la dernière vente, soit 4,200 kilogrammes, et dont les comptes et budgets ont été mis en liasse — au nombre de 482, — par M. Thiéry de Rembau.

M. Rembau s'est en outre occupé des expéditions, de l'estampillage et des récolements.

Je renouvelle le vœu que je formulais dans mon dernier rapport, de voir cet employé justifier la mesure bienveillante prise à son égard par le Conseil général qui a récemment augmenté son traitement.

XI. — ARCHIVES DES SOUS-PRÉFECTURES.

Le classement prescrit par les circulaires ministérielles va être incessamment appliqué au dépôt de Louhans.

A Autun, le triage des documents antérieurs à 1852 n'est pas terminé, de sorte que les papiers à supprimer n'ont pu être compris dans la vente du 29 juin.

XII. — BIBLIOTHÈQUES ADMINISTRATIVES.

La bibliothèque des archives s'est accrue de 551 articles, dont le total se décompose comme suit : comptes-rendus des conseils généraux, 196 volumes ; budgets et comptes départementaux, 174 volumes ; livres divers, 61 volumes ; publications périodiques, 53 fascicules ; versement de la première division de la préfecture, 67 volumes.

Des inventaires d'archives départementales, communales et hospitalières nous ont été adressés par l'Allier, l'Aveyron, le Cher, la Côte-d'Or, la Creuse, la Drôme, la Gironde, l'Isère, le Maine-et-Loire, la Haute-Marne, le Nord, l'Orne, le Var et la Vienne. Cette importante collection qui se constitue par voie d'échange dans tous les départements comptait chez nous de nombreuses lacunes. La plupart d'entre elles ont été comblées ensuite des lettres que vous avez bien voulu, Monsieur le Préfet, adresser à vingt-six de vos collègues de divers départements le 5 avril 1885.

XIII. — ARCHIVES COMMUNALES ET HOSPITALIÈRES.

A défaut d'une inspection *effective* des archives des communes et des hospices, je me suis efforcé de diriger par correspondance les travaux de classement et d'inventaire entrepris dans quelques uns de ces dépôts. J'espère être parvenu à améliorer, au moins dans son ensemble, ce service qui, ainsi que l'a constaté M. l'Inspecteur général des Archives, laissait beaucoup à désirer.

Les observations contenues dans les dépêches de M. le Ministre de l'Instruction publique en date du 4 novembre dernier ont été transmises le 12 du même mois à MM. les Maires et les Présidents des commissions administratives des hospices de Charolles, Cluny et Mâcon.

Archives antérieures à 1790.

Une circulaire de l'un de vos prédécesseurs, adressée le 2 novembre 1882, par la voie du *Recueil des Actes administratifs*, à MM. les Maires du département, invitait ces magistrats à faire dresser dans toutes les communes un état numérique et descriptif des documents antérieurs à 1790. Il faut bien reconnaître qu'on n'a pas tenu la main à l'exécution pleine et entière de cette prescription, puisque du 3 mars au 7 avril dernier j'ai dû écrire dans 297 communes sur les archives anciennes desquelles nous ne possédions aucun renseignement direct : 190 maires ont répondu ; des 107 autres, nous n'avons rien obtenu, malgré le rappel.

J'ai cru pouvoir attribuer ce silence à l'absence de documents antérieurs à 1790 autres que les registres anciens d'*état religieux* qui ont précédé nos registres d'*état civil*.

Aussi ai-je prié le 4 mai suivant, les maires en question de me faire connaître la date la plus reculée des cahiers paroissiaux conservés dans les dépôts de leurs communes.

De cette façon je suis arrivé à dresser de ces documents un tableau complet.

En dehors des doubles déposés dans les greffes des bailliages à la fin du XVIIe siècle et conservés aujourd'hui par les tribunaux, 516 communes du département sur 589 possèdent l'état religieux de 532 paroisses. Du nombre total des communes il faut défalquer les 11 créées depuis le commencement du siècle, celles qui n'ont jamais eu d'églises, et celles, trop nombreuses malheureusement et dont nous parlerons plus bas, où les registres ont été égarés à une époque récente.

Le plus ancien registre — il date de 1543, — se trouve à Sennecey-le-Grand, car nous ne considérons pas comme tel le cahier renfermant neuf rendues (publications de mariages), vingt bénédictions (mariages) et 288 sépultures (enterrements) faites par Jean Rolin, curé de Saint-Agnan, de 1411 à 1413. (Voir le *Congrès scientifique de France*, XLIIe session, tenue à Autun en 1876, t. II, p. 40 et suiv.)

Huit paroisses avaient leurs registres dès avant l'ordonnance de Blois (1579) qui institua les publications de mariages et imposa aux curés l'obligation d'enregistrer toutes les sépultures. Ce sont, outre Sennecey (1549) : Toulon-sur-Arroux (1560), Louhans (1569), Blanot (1571), Mâcon (1572), Gigny (1577), Varennes-sous-Dun (1577) et Bourbon-Lancy (1578).

Vous me permettrez, Monsieur le Préfet, à raison de l'importance que ces registres offrent pour l'histoire, la statistique et la généalogie, d'en donner ci-dessous la date, classée, pour chaque siècle, dans l'ordre alphabétique des communes.

XVIe SIÈCLE.

Blanot, 1571. — Bourbon-Lancy, 1578. — Bourg-le-Comte, 1599. — Boyer, 1600.

Chagny, 1598. — Chalmoux, 1580. — La Chapelle-s.-Branc., 1600. — Châteaurenaud, 1581. — Cluny, 1581. — Couches, 1587. — Curtil-s.-Burn., 1597.

Dettey, 1585.

Gigny, 1577.

Lessard-en-Br., 1600.

Mâcon, 1572 (1). — Marcigny, 1596.

Ozenay, 1594.

Pierre, 1597. — Plottes, 1592.

Saizy, 1598. — Sennecey-le-Grand, 1543. — Sens, 1585.

Saint-Agnan, 1592. — Saint-Gengoux-de-Scissé, 1597. — Saint-Marcel, 1590. — Saint-Usuge, 1592.

Toulon-sur-Arroux, 1560. — Tournus, 1585.

Uchizy, 1595.

Varennes-s.-Dun, 1577. — Verdun, 1576.

---

(1) Saint-Clément, 1649.

XVIIᵉ SIÈCLE.

Abergement de C. (L'), 1648. — Abergement Ste-C. (L'), 1700. — Allerey, 1639. — Allériot, 1633. — Aluze, 1623. — Amanzé, 1681. — Ameugny, 1626. — Anost, 1669. — Antully, 1676. — Anzy, 1674. — Artaix, 1653. — Authumes, 1684. — Autun, 1602. — Auxy, 1697. — Azé, 1624.

Ballore, 1674. — Bantanges, 1675. — Barnay, 1662. — Baron, 1671. — Baudrières, 1650. — Baugy, 1590. — Beaubery, 1670. — Beaumont-sur-G., 1623. — Bellevesvre, 1629. — Bergesserin, 1606. — Berzé-le-Ch., 1665. — Bissey-sous-Cr., 1676 (1). — Bissy-la-M., 1659. — Bissy-sous-U., 1671. — Blanzy, 1683. — Bois-Sainte-M. (Le), 1648. — Bonnay, 1683. — Bosjean, 1681. — Bourgvilain, 1623. — Bouzeron, 1690. — Bragny, 1672. — Brancion, 1671. — Brandon, 1668. — Branges, 1700. — Bray, 1649. — Bresse-sur-G., 1655. — Breuil (Le), 1692. — Briant, 1700. — Brienne, 1667. — Brion, 1680. — Broye, 1639. — Bruailles, 1662. — Buffières, 1648. — Burnand, 1662. — Bussières, 1618. — Buxy, 1650.

Céron, 1660. — Cersot, 1668. — Chaintré, 1618. — Chalon-sur-S., 1658. — Chambilly, 1681. — Chamilly, 1617. — Champagnat, 1664. — Champforgeuil, 1632. — Chânes, 1629. — Changy, 1651. — Chapaize, 1659 (2). — Chapelle-au-M. (La), 1625. — Chapelle-de-G. (La), 1654. — Chapelle-du-M.-de-F. (La), 1669. — Chapelle-sous-U. (La), 1669. — Chapelle-Saint-S. (La), 1643. — Charbonnat-sur-A., 1680. — Charbonnières, 1612. — Chardonnay, 1630. — Charette, 1662. — Charmée (La), 1653. — Charmoy, 1676. — Charnay, 1616. — Charolles, 1670. — Charrecey, 1673. — Chasselas, 1700. — Chassey, 1626. — Chassigny-sous-D., 1643. — Château, 1666. — Châteauneuf, 1618. — Châtel-M., 1658. — Châtenoy-le-R., 1664. — Chaudenay, 1624. — Chauffailles, 1608. — Cheilly, 1673. — Chenay-le-Ch., 1650. — Chenôves, 1685. — Chevagny-les-Ch., 1663. — Chevagny-sur-G., 1681. — Chissey, 1669 (3). — Chissey-

---

(1) Cruchaud, 1670.
(2) Lancharre, 1705.
(3) Lys, 1662.

en-M., 1685. — Ciel, 1638. — Ciry-le-Noble, 1669. — Clayette (La), 1635. — Clermain, 1639. — Collonge-en-Ch., 1610. — Colombier-en-B., 1647. — Colombier-sous-U., 1669. — Comelle (La), 1674. — Condal, 1654 (1). — Cordesse, 1692. — Cortambert, 1676. — Cortevaix, 1644. — Crêches, 1639. — Cressy-sur-S., 1604. — Crissey, 1700. — Cruzille, 1648. — Cuiseaux, 1633. — Cuisery, 1646. — Culles, 1680. — Curbigny, 1650. — Curdin, 1694. — Curgy, 1657. — Curtil-sous-Buff., 1698. — Cussy-en-M., 1672. — Cuzy, 1693.

Damerey, 1666. — Demigny, 1607. — Dennevy, 1650. — Devrouze, 1694. — Dezize, 1629. — Dompierre-sous-S., 1,700. — Dracy-le-F., 1611. — Dyo, 1610.

Ecuelles, 1678. — Epinac, 1604. — Essertenne, 1666. — Etang, 1685.

Farges-les-M., 1622. — Fay (Le), 1676. — Flacé, 1606. — Flaceyen-B., 1622. — Flagy, 1675. — Fleury-la-M., 1617. — Fley, 1660. — Fontaines, 1610. — Fragnes, 1678. — Frangy, 1648. — Frette (La), 1675. — Fretterans, 1644. — Frontenard, 1647. — Frontenaud, 1606. — Fuissé, 1661.

Génelard, 1657. — Genête (La), 1619. — Genouilly, 1699. — Gergy, 1700. — Germolles, 1651. — Gilly-sur-L., 1640 (2). — Givry-près-l'Or., 1639. — Gourdon, 1656. — Grande-Verrière (La), 1664. — Granges, 1686. — Grevilly, 1602. — Grury, 1642. — Gueugnon, 1688. — Guiche (La), 1674.

Hautefond, 1674. — Hôpital-le-M., (L'), 1669. — Huilly, 1674. — Hurigny, 1675.

Igé, 1690. — Iguerande, 1640. — Issy-l'Ev., 1627.

Jalogny, 1635. — Jambles, 1672. — Joncy, 1623. — Joudes, 1614. — Jugy, 1610. — Juif, 1655. — Jully-les-B., 1678.

Laizé, 1619. — Laizy, 1700. — Lays-sur-le-D., 1647. — Lessard-le-R., 1649. — Leynes, 1613. — Ligny-en-B., 1656. — Loisy, 1661. — Longepierre, 1618. — Lournand, 1624. — Lugny, 1653. — Lugny-les-Ch., 1681. — Lux, 1674.

Mailly, 1640. — Maltat, 1660. — Mancey, 1641. — Marcilly-la-G., 1643. — Marcilly-les-B., 1687. — Marigny, 1687. — Marizy, 1641. — Marly-sur-A., 1640. — Marmagne, 1672. — Marnay, 1625. —

---

(1) Saint-Sulpice, 1692.
(2) Cortiambles et Poncet, 1678. — Russilly, 1692.

Mary, 1653. — Massy, 1673. — Melay, 1603. — Mellecey, 1672. — Ménetreuil, 1675. — Mercurey, 1623. — Mervans, 1627. — Messey-sur-G., 1677. — Mesvres, 1612. — Meulin, 1698. — Milly, 1607. — Mont, 1680. — Montagny-les-B., 1676. — Montagny-près-L., 1654. Montagny-sur-G., 1650. — Montbellet, 1630. — Montceau-l'E., 1668. — Montcenis, 1652. — Montmelard, 1668. — Montmort, 1634. — Montpont-en-B., 1635. — Montret, 1668. — Morey, 1659. — Moroges, 1700. — Mouthier-en-B., 1650. — Mussy-sous-D., 1693.

Nanton, 1627. — Navilly, 1648. — Neuvy-G., 1667. — Nochize, 1689.

Ormes, 1652. — Ouroux, 1611. — Ozolles, 1680.

Palinges, 1678. — Palleau, 1624. — Paray-le-M., 1627. — Péronne, 1620. — Perrecy-les-F., 1669. — Perreuil, 1686. — Perrigny, 1676 — Petite-Verrière (La), 1691. — Pierreclos, 1691. — Poisson, 1700. — Pontoux, 1641. — Pouilloux, 1696. — Pourlans, 1657. — Pressy-sous-D., 1651. — Préty, 1678. — Prissé, 1674. — Prizy, 1637. — Pruzilly, 1675. — Puley (Le), 1693.

Racineuse (La), 1698. — Ratenelle, 1602. — Ratte, 1700. — Remigny, 1680. — Rigny-sur-A., 1620. — Romanèche-Th., 1604. — Romenay, 1608. — Rosey, 1680. — Rousset (Le), 1669. — Roussillon, 1698. — Royer, 1624. — Rully, 1676.

Sagy, 1628. — Saillenard, 1696. — Sailly, 1630. — Salle (La), 1673. — Salornay-s.-G., 1658. — Sampigny, 1636. — Sancé, 1627. — Sanvignes, 1641. — Sarry, 1661. — Sassangy, 1624. — Sassenay, 1680. — Saules, 1678. — Savianges, 1698. — Savigny-s.-G., 1694. — Savigny-s.-S., 1670. — Selle (La), 1700. — Semur-en-B., 1641. — Sennecé-les-M., 1661. — Senozan, 1628. — Serley, 1640. — Sermesse, 1682. — Serrières, 1633. — Serrigny-en-B., 1689. — Sevrey, 1674. — Sigy-le-Ch., 1632. — Simard, 1655. — Solutré, 1674. — Suin, 1677.

St-Albain, 1673. — St-Ambreuil, 1674 (1). — St-Amour, 1692. — St-André-en-B., 1671. — St-André-le-D., 1625. — St-Aubin-s.-L., 1661. — St-Berain-s.-S., 1669. — St-Boil, 1647. — St-Bonnet-de-J., 1630. — St-Bonnet-de-V., 1628. — St-Bonnet-en-B., 1675. — Ste-Cécile, 1675. — St-Christophe-en-Bresse, 1700. — St-Chris-

---

(1) La Ferté, 1682.

tophe-en-Brionnais, 1632. — Ste- Croix, 1674. — St-Cyr, 1668. — St-Denis-de-V., 1644. — St-Desert, 1620. — St-Didier-en-Bresse, 1665. — St-Didier-en-Brionnais, 1675. — St-Didier-s.-A., 1631. — St-Emiland, 1684. — St-Etienne-en-B., 1630. — St-Eusèbe, 1670 (1). — St-Firmin, 1682. — St-Gengoux-le-N., 1645. — St-Germain-de-R., 1694. — St-Germain-du-B., 1663. — St-Germain-des-B., 1690. — St-Germain-les-Bois, 1678. — St-Gervais-en-V., 1676. — Ste-Hélène, 1652. — St-Jean-de-T., 1639. — St-Jean-de-V., 1614. — St-Jean-le-P., 1654. — St-Julien-de-C., 1650. — St-Julien-de-J., 1674 (2). — St-Laurent-d'A., 1694. — St-Laurent-en-B., 1700. — St-Léger-les-P., 1643. — St-Léger-sous-B., 1612. — St-Léger-la-B., 1627. — St-Léger-s.-Dh., 1618. — St-Loup-de-la-Salle, 1602 (3). — St-Loup-de-Varennes, 1668. — St-Marc-de-V., 1700. — St-Marcellin-de-C., 1670. — St-Martin-d'A., 1669. — St-Martin-de-L., 1680. — St-Martin-de-Sa., 1684. — St-Martin-de-Sen., 1649. — St-Martin-du-L., 1668. — St-Martin-en-B., 1654. — St-Martin-en-G., 1643. — St-Martin-sous-M., 1628. — St-Maurice-de-S., 1622 (4). — St-Maurice-en-R., 1626. — St-Maurice-les-Ch., 1692. — St-Maurice-les-C., 1672. — St-Nizier-s.-Ch., 1636. — St-Pantaléon, 1680 (5). — St-Pierre-de-V., 1691. — St-Point, 1677. — St-Privé, 1679. — St-Prix, 1675. — St-Racho, 1700. — Ste-Radegonde, 1672. — St- Remy, 1604. — St-Romain-s.-G., 1668. — St-Romain-s.-V., 1668. — St-Sorlin, 1604. — St-Symphorien- d'An., 1607. — St-Symphorien-des-B., 1652. — St-Symphorien-de-M., 1661. — St-Vallerin, 1602. — St-Vallier, 1695. — St-Vincent-des-P., 1664. — St-Vincent-en-B., 1614. — St-Yan, 1667.

Tagnière (La), 1619. — Taizé, 1647. — Tancon, 1626. — Tavernay, 1700. — Thil-s.-A., 1686. — Thurey, 1619. — Torpes, 1683. — Tramayes, 1638. — Trivy, 1639.

Uchon, 1678. — Uxeaux, 1689.

Vareilles, 1659. — Varennes-les-M., 1643. — Varenne-l'Arc., 1639. — Varennes-le-G., 1613. — Varenne-R., 1674. — Varennes-

---

(1) Le Gratoux, 1668.
(2) Jonzy, 1659.
(3) Maizières, 1679.
(4) Satonnay, 1651.
(5) St-Pierre-l'Etrier, 1602. — St-Vincent, 1675.

St.-S., 1700. — Vauban, 1648. — Vaudebarrier, 1663. — Vaux-en-P., 1677. — Vendenesse-les-C., 1686. — Vendenesse-s-A., 1668. — Vergisson, 1692. — Vérissey, 1625. — Vérizet, 1700. — Verosvres, 1668. — Vers, 1638. — Versaugues, 1692. — Verzé, 1668. — Vigny, 1653. — Villars (Le), 1610. — Villegaudin, 1677. — Villeneuve-en-M., 1694. — Vindecy, 1639. — Vineuse (La), 1647. — Vinzelles, 1605. — Viré, 1675. — Virey, 1697. — Viry, 1632. — Vitry, 1674. — Vitry-en-Ch., 1676. — Vitry-.s-L., 1675. — Volesvres, 1698.

XVIIIe SIÈCLE.

Barizey, 1786. — Beaurepaire-en-B., 1701. — Beauvernois, 1704. — Berzé-la-V., 1760. — Bey, 1749. — Bissy-s.-F., 1739. — Bouhans, 1741. — Boulaye (La), 1755. — Burgy, 1714.

Champlecy, 1744. — Champlieu, 1740. — Changes, 1731. — Chapelle-de-B. (La), 1736. — Chapelle-s.-D. (La), 1751. — Chapelle-Th. (La), 1727. — Charnay-les-Ch., 1707. — Chassy, 1727. — Clessé, 1734. — Coublanc, 1701. — Cronat, 1707.

Dampierre-en-B., 1740. — Diconne, 1701. — Dommartin-les-C., 1706. — Dompierre-les-O., 1740. — Donzy-le-R., 1703.

Etrigny, 1730.

Farges-les-Ch., 1744. — Fontenay, 1726.

Gibles, 1737.

Jouvençon, 1737.

Laives, 1701. — Lalheue, 1701. — Lesmes, 1763. — Loché, 1727.

Malay, 1731. — Marly-s.-I., 1705. — Massilly, 1746. — Matour, 1707. — Miroir (Le), 1752. — Montcony, 1712. — Montcoy, 1709. — Montjay, 1767. — Motte-St-J. (La), 1721.

Oudry, 1711. — Ouroux-s.-le-Bois-Ste-Marie, 1749. — Oyé, 1736.

Rancy, 1717.

Santilly, 1704. — Saunières, 1721. — Savigny-en-R., 1701. — Sercy, 1740. — Sornay, 1709. — Sully, 1719.

St-Bonnet-de-C., 1741. — St-Clément-s.-G., 1701. — St-Eugène, 1742. — St-Forgeot, 1753. — St-Germain-du-P., 1701. — St-Igny-de-R., 1740. — St-Jean-des-V., 1736 (1) — St-Julien-s.-Dh., 1737. — St-Martin-de-C., 1785 (2). — St-Martin-du-T., 1715. — St-Nizier-s.-A., 1745. — St-Pierre-le-V., 1709. — St-Sernin-du-B., 1714. — St-Sernin-du-P., 1702. — St-Vérand, 1702.

Tartre (Le), 1769. — Terrans, 1746. — Tintry, 1708. — Touches, 1741. — Toutenant, 1780. — Trambly, 1714.

Varenne-s.-le-D., 1736. — Verjux, 1715.

Presque tous ces documents se composent de très minces cahiers. Beaucoup sont en mauvais état. Si on ne se décide à les faire relier, il est à craindre que leurs feuillets se détachent et s'égarent.

C'est faute d'avoir pris cette mesure de conservation que plusieurs communes, je l'ai constaté au cours de mon enquête, ou bien ont perdu ces actes à une époque récente, ou bien y relèvent de regrettables lacunes.

Ainsi, pour ne citer que quelques exemples : — à Bragny-en-Charollais, l'inventaire de 1845 fait remonter l'état-civil à 1668-1736, la note de M. le Maire du 5 mai 1886, à 1793 ; — à Clux, l'inventaire de 1845 le fait remonter à 1736-1792, la note de M. le Maire du 24 mai, à 1793 ; — à La Loyère, l'inventaire de 1845 le fait remonter à 1668-1736, la note de M. le Maire du 23 mai, à 1793 ; — à Marnay, l'inventaire de 1845 le fait remonter à 1639-1668, la note de M. le Maire du 29 mai, à 1793.

De même, en 1845 l'état-civil datait à Dettey, Donzy-le-Royal, Saules et Verjux, de 1582, 1668, 1678 et 1681 ; maintenant il ne remonte plus, dans les mêmes communes, qu'à 1585, 1703, 1743 et 1715.

Dans trois paroisses, à Chassigny-sous-Dun, Clermain et Saint-Boil, l'état religieux est resté en tout ou en partie au presbytère. Des mesures seront prises pour faire exécuter l'article 2 du titre VI de la loi du 20 septembre 1792 qui a stipulé que tous les registres, tant anciens que nouveaux, seraient portés dans les maisons communes.

---

(1) St-Martin-des-Champs, 1700.
(2) Conservé à Montcenis.

La municipalité de Diconne a remis au dépôt départemental ses cahiers de 1701 à 1790 ; les années 1702, 1703 et 1718 manquent. Ils ont été classés à la série E (Communes).

Archives postérieures à 1790.

Les récolements opérés conformément aux dispositions de l'arrêté du 19 floréal an VIII ensuite des élections municipales du 4 mai 1884, avaient accusé dans seize localités la disparition de documents dont plusieurs fort importants, portés sur d'anciens inventaires. Pour satisfaire à la dépêche de M. le Ministre de l'Instruction publique en date du 4 novembre dernier, les maires des communes en question ont été invités à prendre des mesures immédiates pour retrouver les pièces disparues. Les recherches ont produit le résultat désiré dans huit cas, à Beauvernois, Bissy-sous-Uxelles, Grury, Mary, Mellecey, Montret, Saint-Germain-du-Plain et Sercy. Elles n'ont abouti que partiellement dans quatre autres, à Clermain, Saint-André-en-Bresse, La Truchère et Varennes-l'Arconce. Enfin, elles sont restées absolument infructueuses dans les quatre derniers : Aluze, La Chapelle-Naude, Etrigny et Tronchy.

Dans trois communes (Les Guerreaux, La Loyère et Saint-André-du-Désert) il a été rédigé des inventaires au cours du dernier exercice.

Je crains malheureusement que, comme il m'a été donné de le constater dans un département voisin, — grâce à l'inspection, — ces répertoires ne soient pas régulièrement tenus à jour. Les secrétaires des mairies établissent trop facilement une confusion voulue entre l'*inventaire* et le *récolement*. Ils font de tous deux un travail arrêté à jour fixe. L'*inventaire* est cependant une chose vivante, qui doit s'accroître indéfiniment des pièces nouvelles. Aussi ne saurais-je assez souhaiter de voir universellement appliquée la mesure qui consiste à ne mandater le traitement des archivistes communaux qu'au vu d'un relevé des additions annuelles portées à l'inventaire.

Tels sont les travaux qui ont fait l'objet du service des Archives départementales, communales et hospitalières et des bibliothèques administratives de Saône-et-Loire, durant l'exercice 1885-1886.

Veuillez agréer, Monsieur le Préfet, l'assurance de mon respectueux dévouement.

Le Conservateur des Archives départementales,
Inspecteur des Archives communales et hospitalières :

L. LEX.

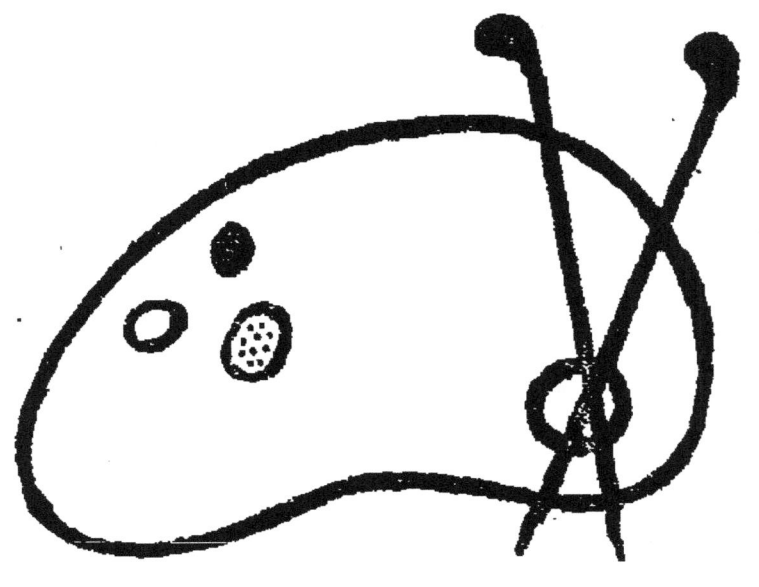

Original en couleur
NF Z 43-120-8

www.ingramcontent.com/pod-product-compliance
Lightning Source LLC
Chambersburg PA
CBHW060931050426
42453CB00010B/1958